Published by Hmong Educational Resources (HER) Publisher, LLC, 2021.

MINDY THIAB TUS DAIS. Copyright © 2021 by Saryna Kong and See Yee Yang.
Other materials copyright © 2021 by the Hmong Educational Resources Publisher, LLC.
All rights reserved. Neither this book nor any part may be reproduced or transmitted in any form or by any means, electronic or mechanical, including photocopying, microfilming, and recording, or by any information storage and retrieval system, or scanning, uploading and distribution of this book via the Internet or via any other means, without permission in writing from the publisher.
Your support of the author's rights is appreciated.

Hmong Educational Resources is an independent publisher of books by or about Hmong.
HER is a one of a kind publishing company that provides services for Hmong students, writers, educators, researchers, and graphic artists. HER publishes books in a wide range of categories and formats, fiction and non-fiction, and for audiences of all ages and educational backgrounds.
For more information about HER Publisher, please contact Dr. Brian V. Xiong
by phone at (612) 978-8359 or email at hmongeducationalresources@gmail.com.

Mindy thiab tus Dais written by Saryna Kong and See Yee Yang,
edited by Brian V. Xiong and Marlin L. Heise,
illustrated by PS Studio, designed by Fue Yang,
and funded by Hmong Education & Language Development (HELD).

Hmong Educational Resources Publisher, Saint Paul, MN, 2021 ISBN: 978-1-64410-024-0

MINDY THIAB TUS DAIS

TUS SAU:
SARYNA KONG
SEE YEE YANG

MINDY THIAB TUS DAIS is funded by
Dr. Brian V. Xiong
Hmong Education & Language Development (HELD)

Rau txhua tus tub thiab ntxhais kawm ntawv hauv Hmong Dual Language and Hmong Language Programs nyob tom Saint Paul Public Schools, tshwj xeeb rau cov tub ntxhais kawm los ntawm chav kawm hais lus Hmong 4 ntawm Washington Technology Magnet School.

See Yee Yang

Nyob rau hauv ib lub hav zoov muaj ib tug me nyuam ntxhais. Nws lub npe hu ua Mindy, thiab nws muaj ib tug phooj ywg.

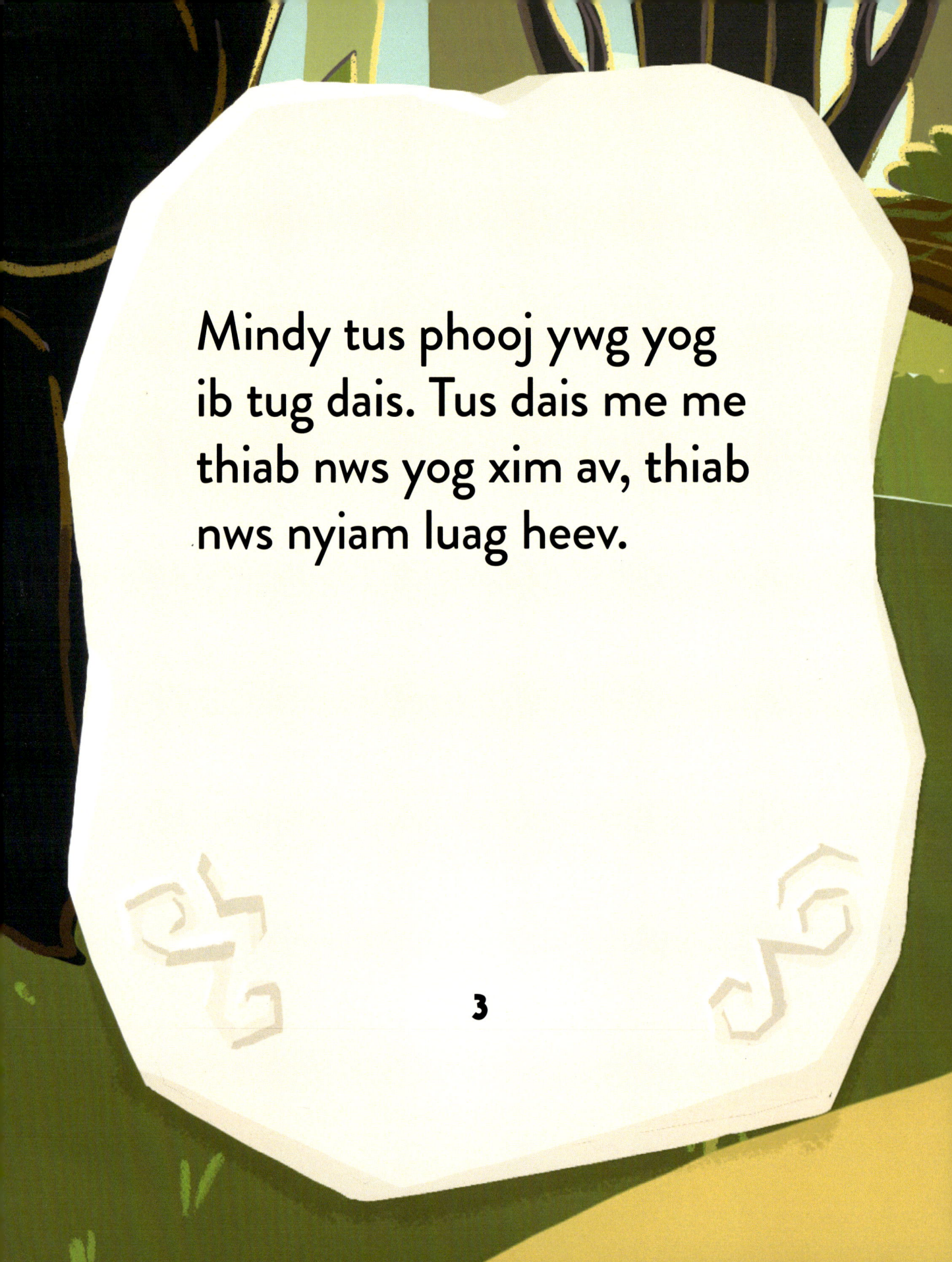

Mindy tus phooj ywg yog ib tug dais. Tus dais me me thiab nws yog xim av, thiab nws nyiam luag heev.

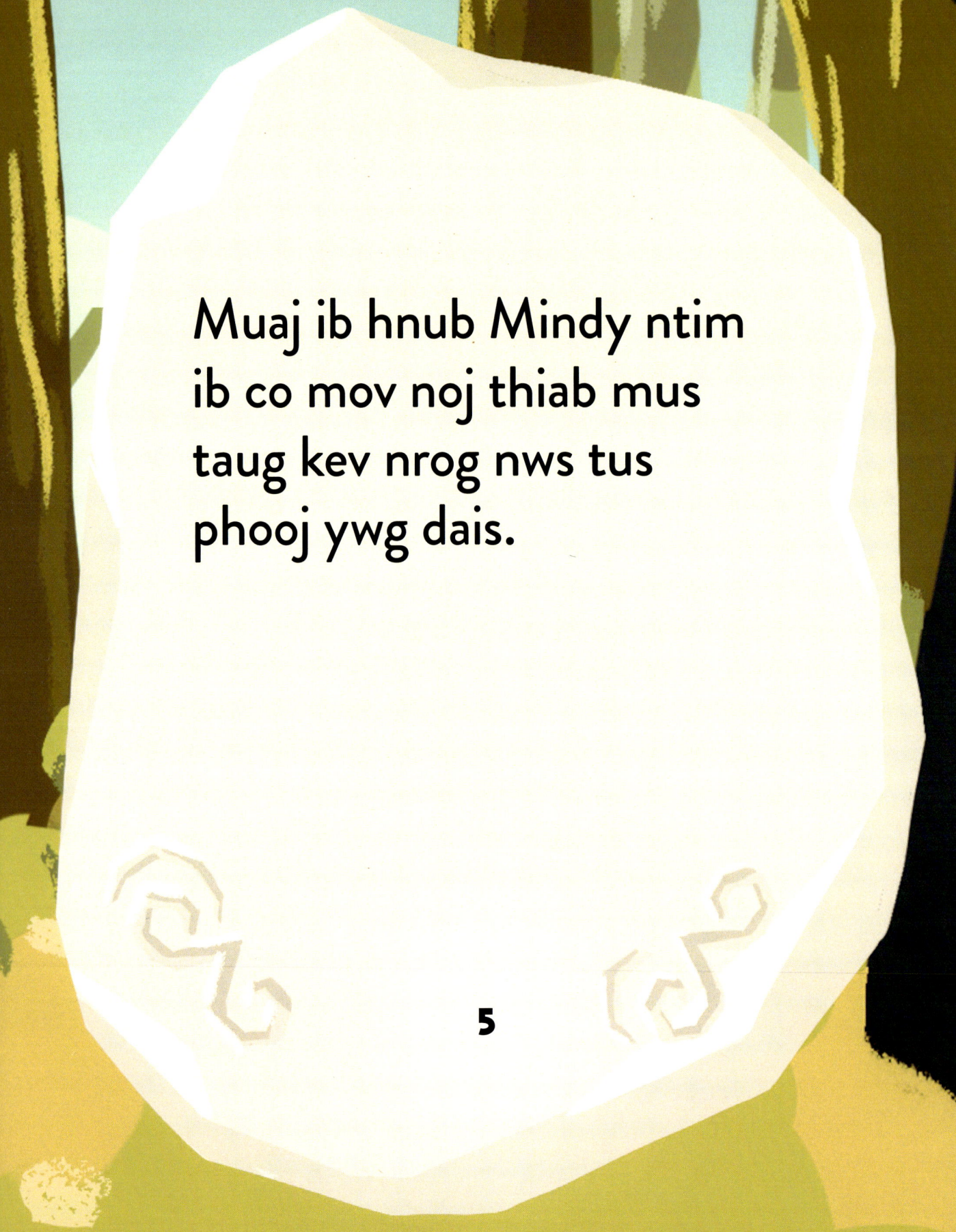

Muaj ib hnub Mindy ntim ib co mov noj thiab mus taug kev nrog nws tus phooj ywg dais.

Nkawv dhau cov nas ncuav nyob siab saum tsob ntoo.

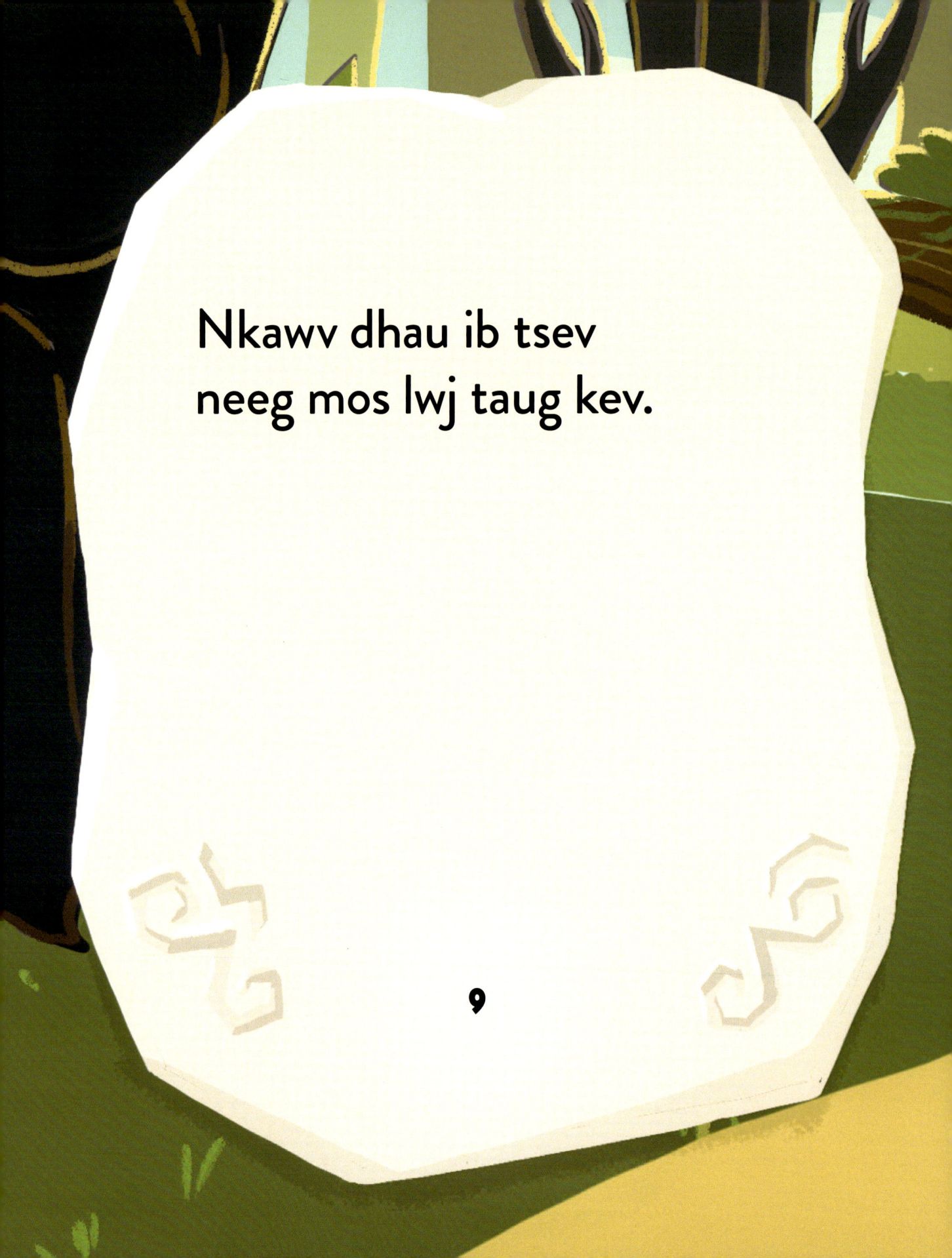

Nkawv dhau ib tsev neeg mos lwj taug kev.

Nkawv dhau ib tug luav pw hauv nws lub qhov tsev.

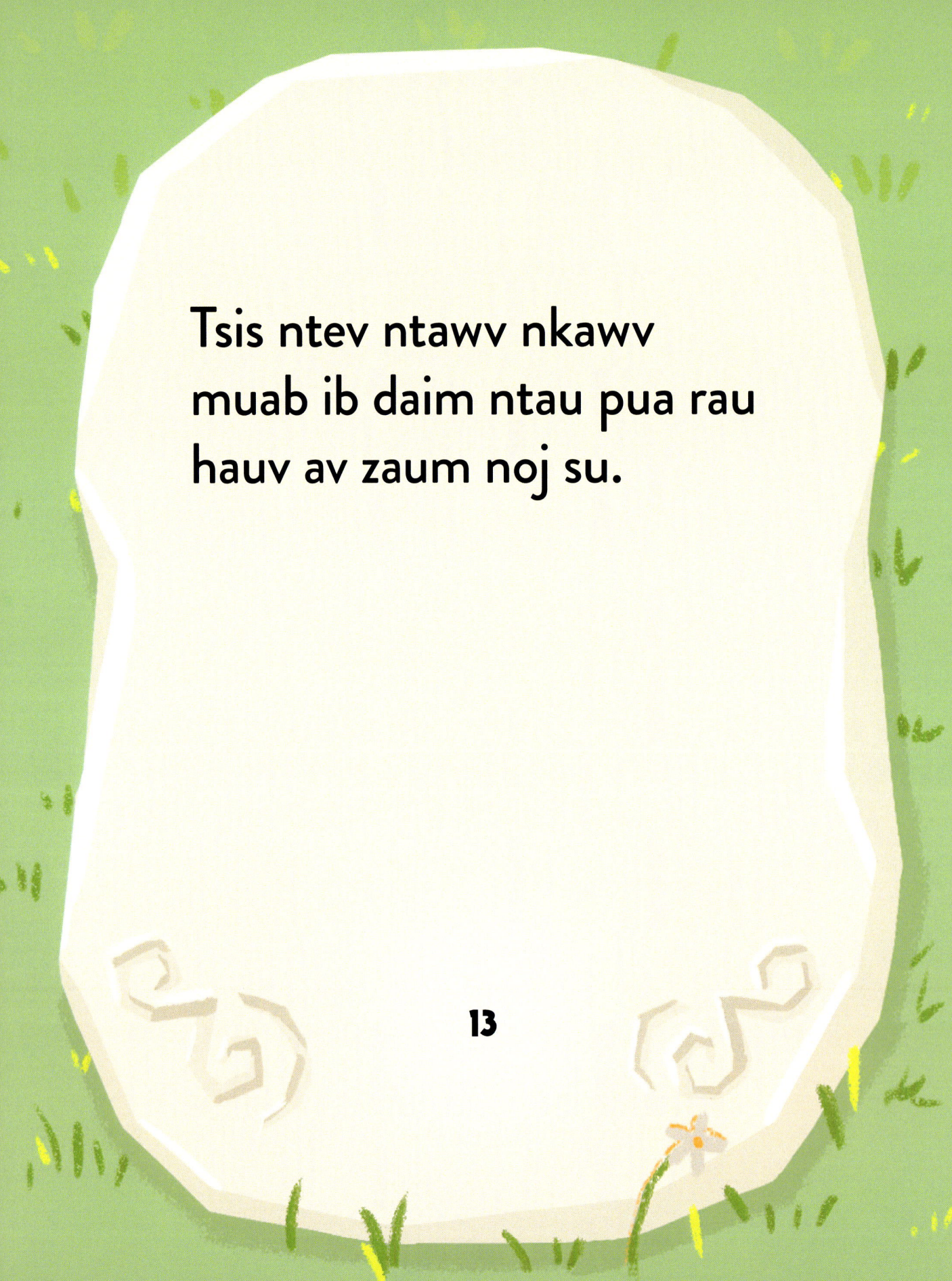

Tsis ntev ntawv nkawv muab ib daim ntau pua rau hauv av zaum noj su.

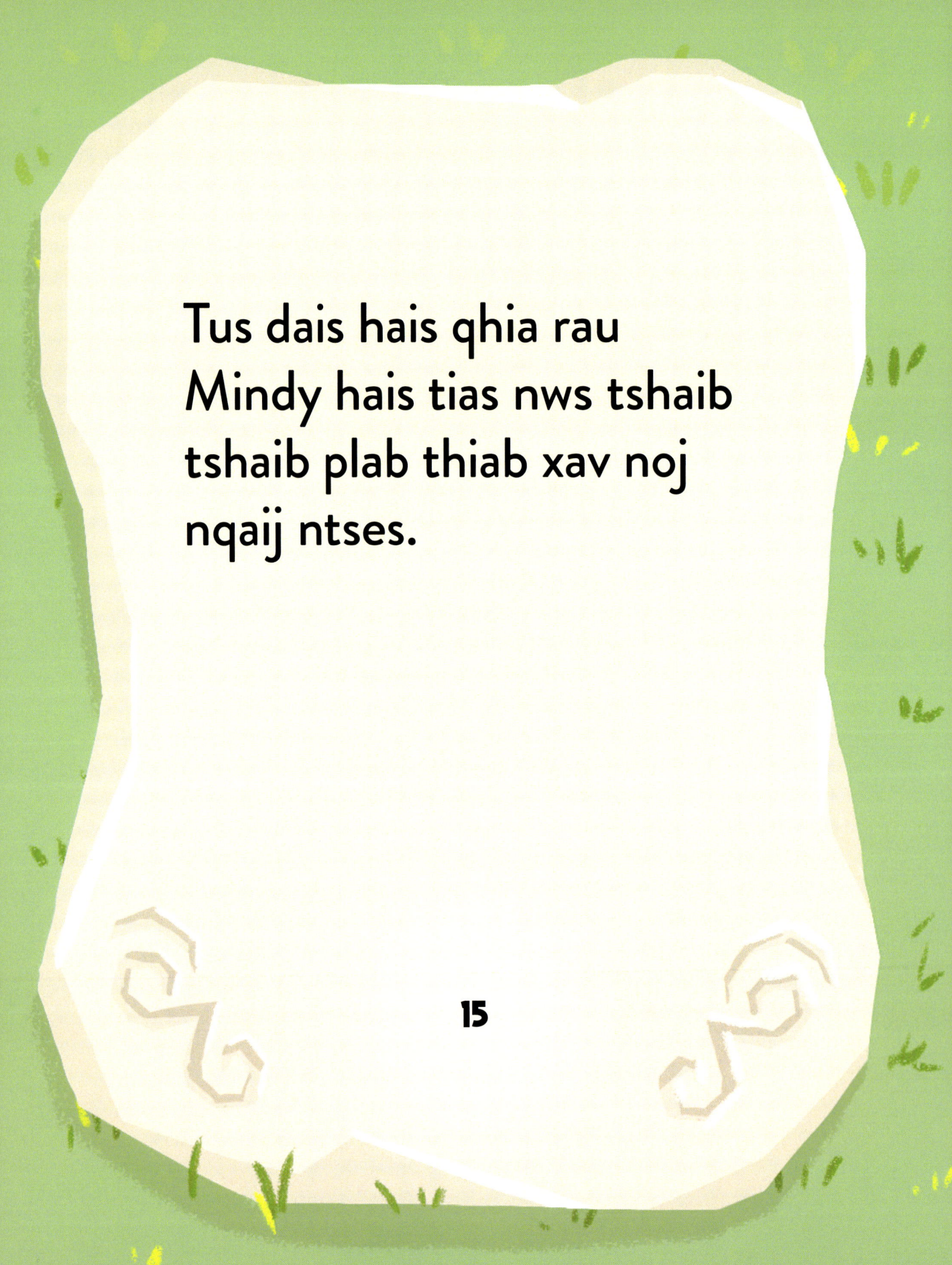

Tus dais hais qhia rau Mindy hais tias nws tshaib tshaib plab thiab xav noj nqaij ntses.

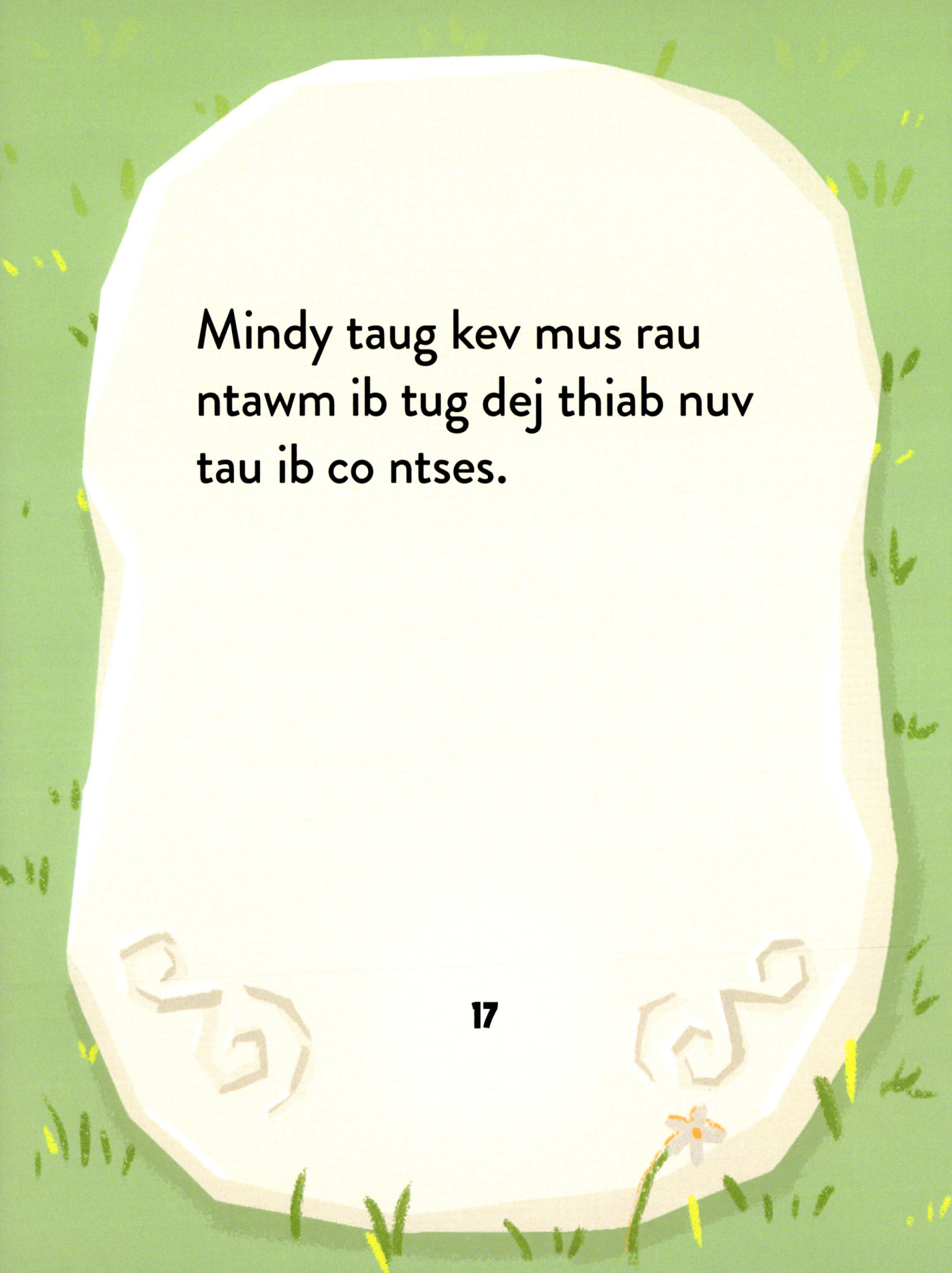

Mindy taug kev mus rau ntawm ib tug dej thiab nuv tau ib co ntses.

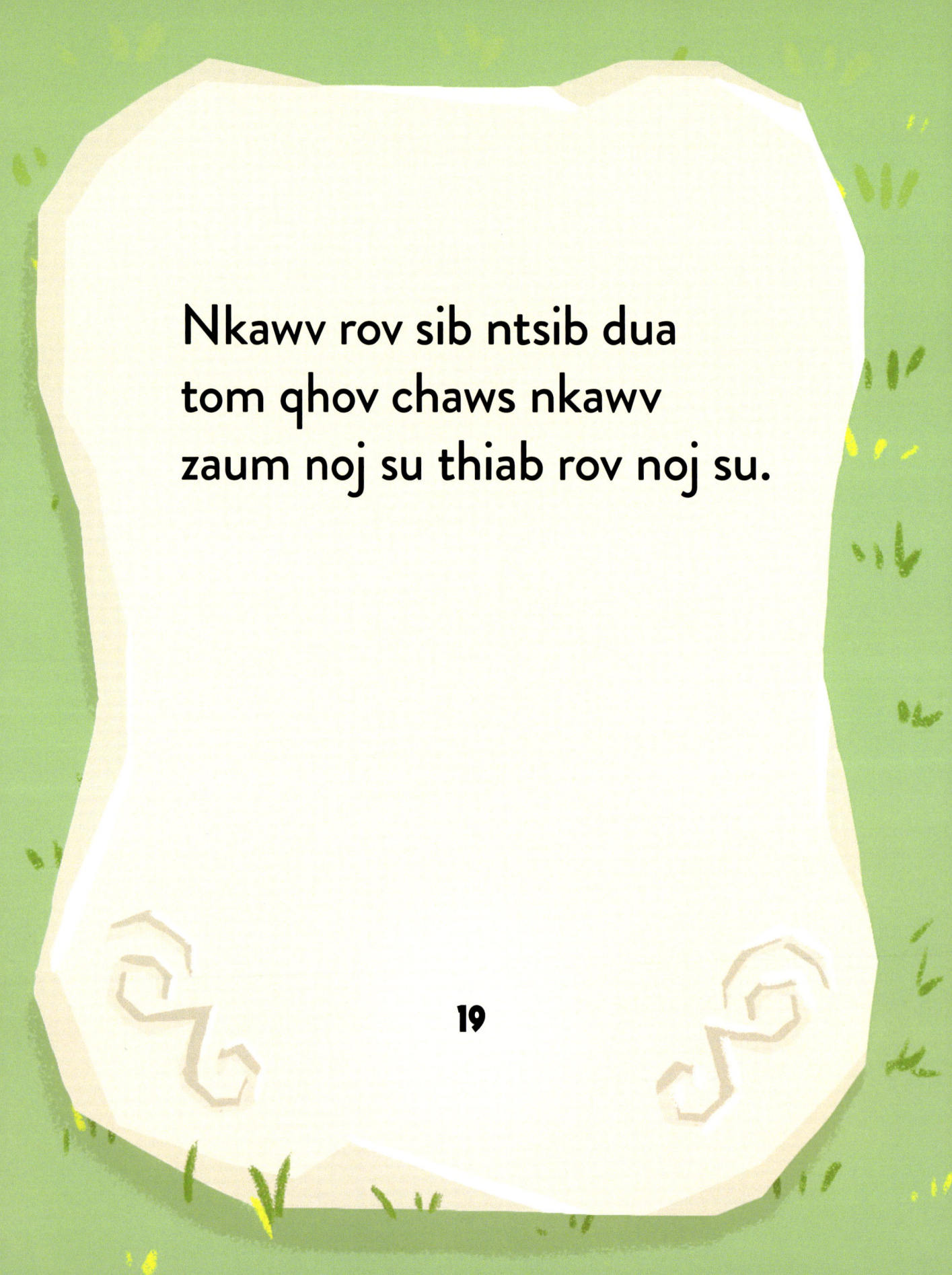

Nkawv rov sib ntsib dua tom qhov chaws nkawv zaum noj su thiab rov noj su.

Ib khub niam txiv nas ncuav los faib nkawv cov noob nrog Mindy thiab tus dais.

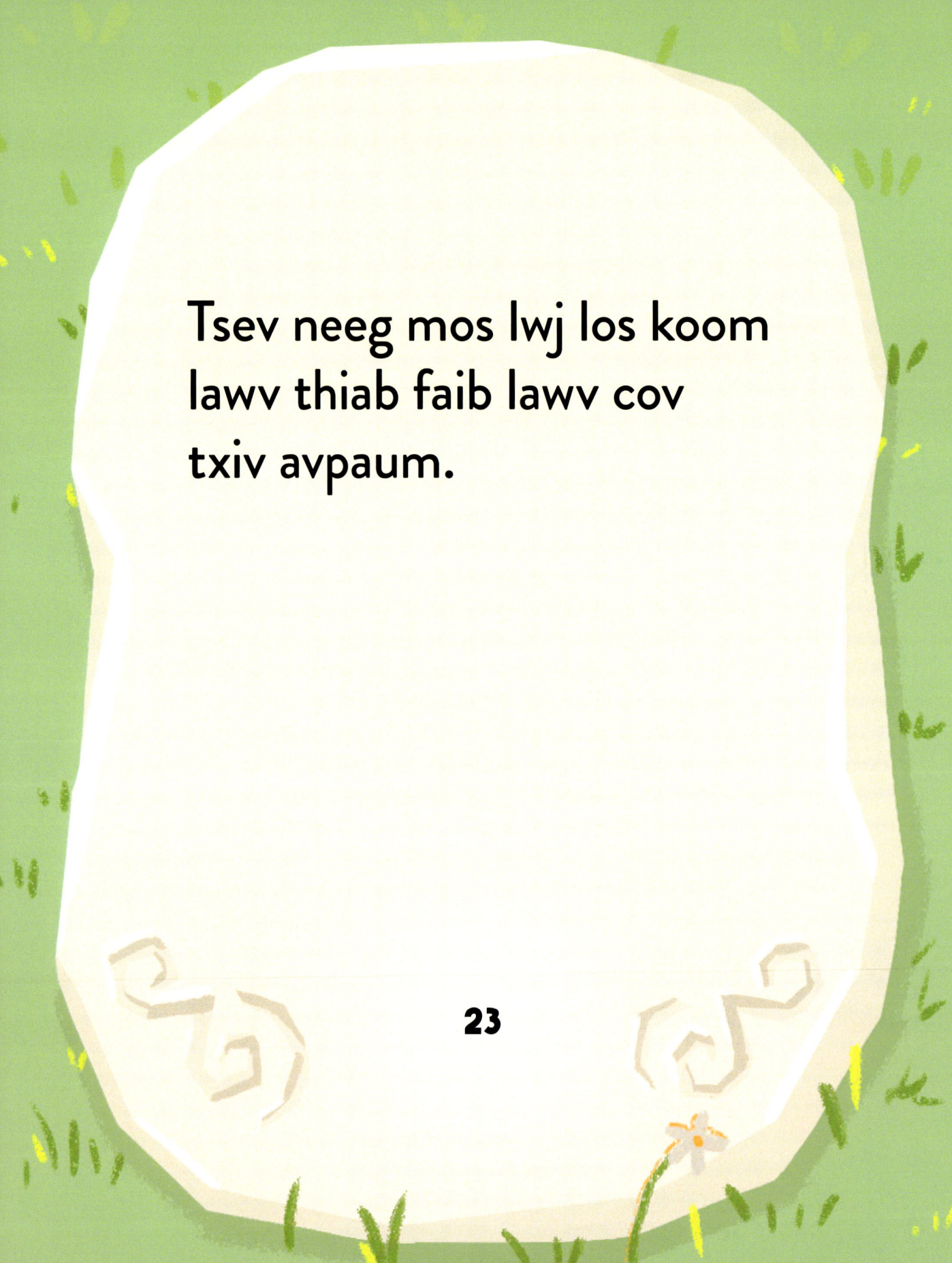

Tsev neeg mos lwj los koom lawv thiab faib lawv cov txiv avpaum.

Tus luav sawv vim nws hnov cov mov tsw thiab mus faib nws cov txiv ntoo qab zib rau nkawv.

Lawv noj mov tiav ces lawv mus taug kev ua si.

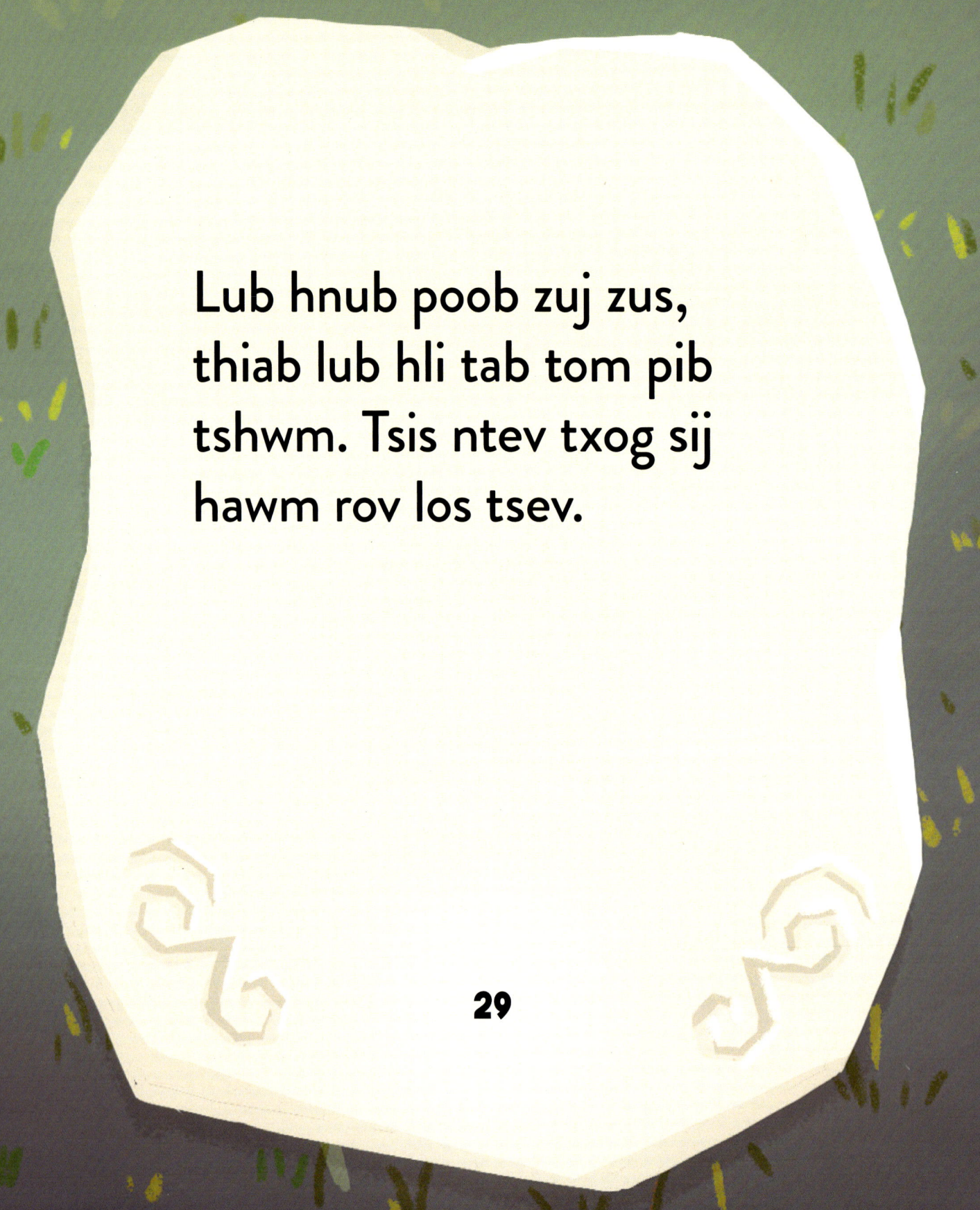

Lub hnub poob zuj zus, thiab lub hli tab tom pib tshwm. Tsis ntev txog sij hawm rov los tsev.

Tsev neeg mos lwj rov qab mus hauv hav zoov.

Khub niam txiv nas ncuav rov mus tsev saum nkawv lub qhov ntoo.

Tus luav rov mus tsev hauv nws lub qhov tsev.

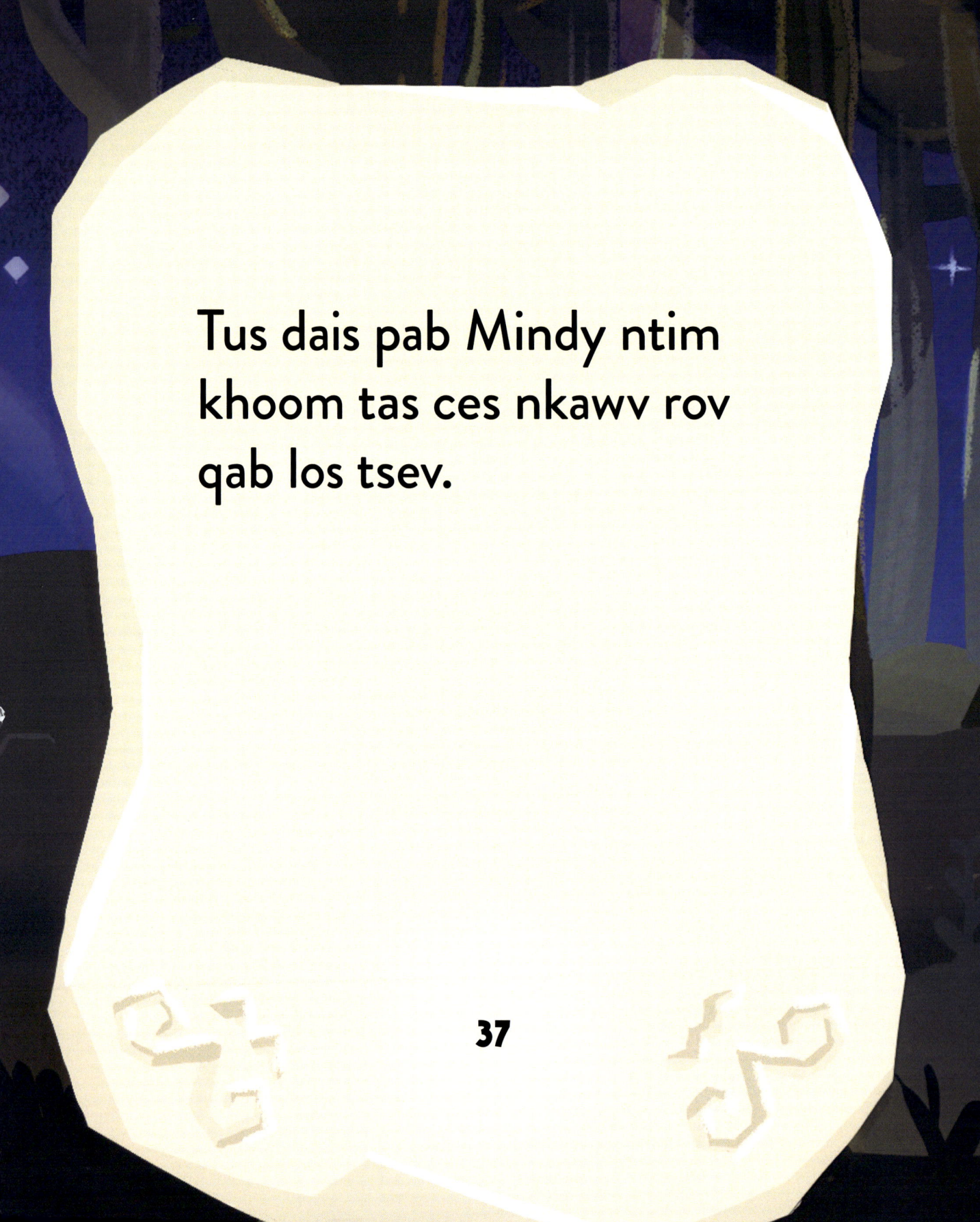

Tus dais pab Mindy ntim khoom tas ces nkawv rov qab los tsev.

Mindy hais mus pw zoo koj rau tus dais, ces Mindy mus pw hauv nws chav pw.

Tus dais nkag mus rau hauv nws lub qhov tsua nkaum thiab mus pw lawm.

Cov noog zaum tsawv hauv lawv lub zes ntsia cov hnub qub ci ntsa nyob ntsiag to.